Jörg Eickhoff

Unzähligkeiten

Gedichte

Jörg Eickhoff

Unzähligkeiten

Gedichte

Rediroma-Verlag

Bibliografische Information der Deutschen Nationalbibliothek:
Die Deutsche Nationalbibliothek verzeichnet diese Publikation in der Deutschen Nationalbibliografie; detaillierte bibliografische Daten sind im Internet über http://dnb.ddb.de abrufbar.

ISBN 978-3-96103-278-5

www.rediroma-verlag.de
6,95 Euro (D)

Meiner lieben Frau Barbara:

.

Franz Kafka sagte einmal:

Es gibt Dinge in den Wäldern, über die
nachzudenken, man
jahrelang im Moos liegen könnte.

Ich sage Dir:

Es gibt Worte in meiner Liebe zu Dir,
die auszudenken, mir ein Leben lang
misslingen würden.

INHALT

UNZÄHLIGKEITEN

Unzählige Fragen
töten mich
Antworten gab und gibt es nicht
weder solche
die waren
noch die die sind
oder werden werden -
sie werden keine sein
so
wird nie gewesen sein,
was war
oder ist
ohne Antworten

es bleibt
so

GRENZGÄNGER

Immer lauter Weheklang
dem einen Punkt
- ein kleines Wort so groß –
so fern, in einer Nähe,
die ihresgleichen dort nur findet,
wo sie die Grenze selbst
… und schon im Da

Fang an, fang wieder an
komm ihr, der Nähe, nah
und Du bist vorbei
bist Du
stirb, vergeh, fang wieder an

ANERKENNTNIS

- es sind die Mienen
die nie gedeutet wurden

- es sind die Worte
die nie verstanden wurden

- es sind die Sinne
die nie erkannt wurden

- es sind die Gebärden
die nie geduldet wurden

- es sind die Augen (Wesen)
die nie gesehen wurden

- es sind die Ergebenheiten
die nie genommen wurden

- es sind die Tränen
die nie gefangen wurden

- es ist die Liebe
die nie gewollt wurde

MÄNNER UND FRAUEN

Männer hören
und sehen schon mal
manchmal öfter
-
Frauen sehen
selten und manchmal
hören sie öfter
-
das ergänzt
beide
immer wieder
und selten
genug

APHORISMUS oder ein GEDICHT

Glück ist ein Zustand

seine Manifestation
ist Harmonie
durch Kommunikation

Kommunikation ist ein Bedürfnis
seine Notwendigkeit
harmonisiert sich
im Glück

DER TOD

Laß den Tod
nur über uns kommen
ganz gleich, ob es ein fremder
oder der eigene ist

Er ist immer
der gleiche, der uns befällt,
wir haben ihn nur weit weg geschoben
und nie aufgenommen

Wäre er länger
schon in unseren Herzen
er ginge mit uns einher
ohne Furcht und Ferne

GANZ NAH

Ganz nah vergebe ich ihm
ganz fern verbanne ich ihn

- fern oder nah –

er bleibt
mein ganzer Freund
mein ganzer Feind

gänzlich

nur sein totaler Verzicht
brächte Erlösung
für mich
für Dich?

Er tut es nicht
er bleibt ganz
nah

EDIRNE

Ich will leben
solange ich kann
ich kann leben
solange ich will

ich denke an Einen
der für Alkohol
in Edirne
ein Kirchenfenster machte

Ich denke an ihn
solange ich kann
solange ich lebe
solange ich will

ES GIBT SIE

Es gibt Menschen
die es gibt
und welche
die es nicht gibt
-
warum dauert
es so lange
sie zu finden

- zu beider Unlebzeiten –

DAS SAGT ES

Alles gedacht
Alles gesagt
Alles geschrieben
-
nichts gedacht
nichts gesagt
nichts geschrieben
-
das sagt es

WORTE

Wenn die Buchstaben zu viel werden
wenn die Worte das Papier verlassen
und es weiß bleibt
und das gesprochene Wort sich aufbäumt
und in alle Richtungen verschwindet,
ohne dass man es festhalten will,
dann, ja dann ist Schweigen
und es bleibt
nur ein Windzug,
der sich verliert

SCHICKSAL

Der Tod
ist so ewig
wie des Leben
-
Das Leben
ist so ewig
wie der Tod
-
Tod und Leben
gleichen sich
bleiben
einander hold

BEDEUTUNG
(oder der Weg über sich)

sie sprachen und sprechen von Männern
von bedeutenden Männern, von Dichtern
vergaßen, vergessen sich über sie
dabei bedeuten sie mindestens
ebensoviel
sind bedeutende Männer, sind Dichter
- dann oder wann -
häufiger bedeuten sie sich und nicht sie
sie wären bedeutenden Männer, wär`n
Dichter
vergäßen sich nicht
- dann oder wann -
sie aber sprachen und sprechen von
Männern
- bedeutend -
vergäßen sie sie
und träfen sie im Vergessen:
vergessend - bedeutend
bedeuten sie ihre Bedeutung
und ihre

SAG ES MIR

Ist das Leben
ein Gefängnis
oder der Tod
oder beides
-
wohin schwindet
die Freiheit denn
in beiden dann-
sagt`s mir
-
sagt` s allen
die in beiden
gefangen sind
bleiben müssen
-
sagt` s mir

WER SEID IHR

Wer, glaubt ihr,
was ich bin
ohne Euch

Was glaubt ihr,
wer ich bin
mit Euch

Mit wem, glaubt ihr,
bin ich denn
ohne Euch

Was, glaubt ihr,
wer ihr seid
ohne mich

SPRICH

Leben riskiert sich selbst
entstehende Worte zerreden sich
weiße Seiten verlassen Dich
Du versuchst dennoch zu sprechen
-
Sprache verschwindet
sie stockt, weiß nicht
wie sie weiter leben kann
in ihrem Anspruch
auf Aussichtslosigkeit
-
Leben und Sprache versuchen stets
sich selbst zu finden
- auch jene weiß gebliebenen Blätter –
bis hin zu irgendeinem
Anfang - ende

DER DICHTER

Ich kann es ja sagen:
Der Dichter ist so:
Hätte er je eine Frau gekannt
wie er so war
er hätte das Dichten sein gelassen

Ich kann es ja sagen:
Die Frau ist so:
Hätte sie je einen Dichter gekannt
wie er so war
hätte sie ihn befreit

Ich kann es ja sagen:
Sie kann den Dichter nicht erkennen
wie er eigentlich ist
so bleibt er Dichter
und
sie wie sie ist

ICH KAM AUS DER NACHT

Ich kam aus der Nacht
aus einer schrecklich schönen Nacht
von Elfi
und sah die Müllwerker
am frühen Morgen
mit Radau und Getöse
ich hätte am liebsten mitgeholfen
-
Ich musste zur Arbeit

DIANA

Es war auf der Fahrt nach Montagna
zwischen Apoll und Diana
sah ich Diana
zwischen Staub und Müll stand ihre
Wärme mir entgegen
verwegen war mein Herz entlegen
desgleichen stand ihr Herz so bar für
mich
im Moder und Geruch
so war denn mein Versuch
für mich so schrecklich wunderlich

es ist kein Sinn, hier Verse zu probieren
ist mehr zu jubilieren
als wäre diese kurze Zeit
mehr als hundert Jahre weit

es bleibt der dünne feste Faden
der mir gab
unendlich viele Gaben

ICH WEISS ES

Jesus, mein Freund
wüsstest Du nur
um Deine Hinterlassenschaft
- heute -
-
Deine Nachfolger
zerschmettern Dich
vernichtend verlassen sie
Deine Aufrichtigkeit
- und Dich –
-
Dein Sein, Dein
Gott war Deiner
hättest Du ihn nur nie erschaffen
es verbliebe ihnen ihr Sein
- heute -
-
ohne Gott
mit Dir
mit mir
mit sich
-
wir wären endlich gemein
heute und immerdar
ich weiß es

ANTWORT

Fragen verfolgen sie:

- die Einsame
- die Kennende

mit unablässiger Verachtung
bestraft sie die Verfolgenden

sie ist, bleibt allmächtig
zerstört ohne Erscheinung
in Reichweite,
gebiert Sehnsucht

gesucht, verachtet sie
die Suchenden
in steter Ruhe
- formlos verharrend –
nährt sie das Leben

Sie ist eine Göttin

ETHIK – oder so nicht –

Was wären die Götter
ohne uns Menschen
die, die wir sind,
erschaffen sie

Was wären die Menschen
ohne die Götter
die, die nicht sind,
versuchen uns

Wären die Menschen
was sie wären
ohne die Götter
sie wären es

LIEBER GERT

es war einmal
ein Mann
der wollte
eine Frau
die bekam er
-
es war einmal
eine Frau
die wollte
einen Mann
den bekam sie
-
er bekam
nie eine Frau
sie nie einen Mann
das war so

JENE

Warum fragst du nicht
jene
warum siehst du nicht
jene
warum spürst du nicht
jene
-
warum sind jene
nicht da
jene
die du liebst

DENKE NICHT

Denke nicht
Regen sei Wasser
Denke nicht
Feuer sei Wärme
Denke nicht
Sand sei weich
Denke nicht
Du seiest Du

Denke an dich
Denke Du seiest
Wasser
Wärme
Weicher Sand
Denke nicht
Du wärst

GESCHRIEBENES

Ich sehe die Bücher
fass sie nicht an
die die ich einst so geliebt
und jetzt verbanne
-
Zeilen, Verse, Gesagtes
lachen mich an
vertraut - verwehre mich ihnen
ertrage sie nicht
-
warum
sagt` s mir einer

SAG` !

Sag`
sprichst Du die gleiche Sprache
sag`s, sprichst Du

Sag`
siehst Du die gleichen Dinge
sag`s, siehst Du

Sag`
hörst Du die gleichen Worte
Sag`s, hörst Du

---
aber Du trittst in mich herein
tätest Du`s
tätest Du`s
ich sähe, hörte Dich
spräche

- und wäre…

STEIN-SEIN

Gib einem Stein
Dein Sein
der Stein
wird sein
Dein Sein

- und Deine relative Ewigkeit -

-

DENNOCH

Möwen krachen
schwebend gellend
gegen den Sturm
ungedenk ihrer Vergänglichkeit

ihr lauer Fall
überhebt sie
neben das Sein
ohne einen Hinweis zu geben

Kreaturen
bleiben bestehen
in jenem Land
welches dennoch ihr eigenes scheint

GERT

Wer hätte keinen Freund
ich hatte einen
der war ungefähr wie ich
suchte, fand und verschwand
-
fand er
suchte er
ungefähr
wie ich
-
wir glaubten es beide
ohne es zu wissen

ES HÄTTE GUT SEIN KÖNNEN

Es hätte gut sein können
Dass Du statt meiner
wärest
ebenso könnte ich
statt deiner
sein

Ich bedaure es,
dass dieses eine Frage ist

WER WEISS

wer`s weiß
sagt`s nicht
wer`s sagt
sagt nichts
-
nicht mir
nicht dir
nicht sich
nicht einmal dem
-
der starb
nach Gefangenschaft
und SS….

MEINE SCHWESTER – Die Seiltänzerin

Alle Blicke
versteht sie
auf sich zu ziehen
nur ihr Blick
ist nirgends

und hätte sie doch nur den nirgends-
gewandten
Blick - hätte sie
einen
So ist sie blind

tanzend, auf den Grund
unter sich
- verschwommen, denn sie tanzt –
hat sie Angst
hinunterzufallen

DREI MÄDEL

Ich kannte drei Mädel
an der Uni
sie wollten Lehrerinnen werden
in Latein plus plus
sie hingen immer zusammen
sie waren ein Kränzchen
unzertrennlich plus plus
-
ich war froh
nie wieder Schüler sein zu müssen
ich wollte ja auch Lehrer werden
ich hab sie nie wieder gesehen
-
ich denke an sie
und leide mit
ihren künftigen Schülern
- noch heute -

OHNE TITEL

Sagst Du, es lohnt sich nicht zu lieben
sag gleich, es lohnt sich nicht zu leben

sagst Du, Du brauchtest nicht zu leben
scheid` aus, schneid` aus dem herzen dir

was Du nur bist
und nur sein kannst

SCHILLER

ohne zu fragen
wovon und wozu
schreien alle
so einer war Schiller
-
Freiheit
ohne zu sagen
woher und wohin
fragen alle
so einer war Schiller
-
ich auch mit allen, mit Schiller
-
Ist sie
vorgeburtlich
danach oder dazwischen
oder nach dem
ich frage alle
-
nicht Schiller

LÜGE

Die Lüge ist deine
Sie bleibt Dir
bleib` darin
liebe Dich

sie schützt und beherrscht Dich
bleib ihr nah
lüge und
liebe sie

verleugne Dich und
Eigentliches
Dich und
Dein Sein

PENDANT ZU DESCARTES

Zitat:

»Ich weiß, dass ich nichts weiß
und weil ich weiß, dass ich nichts weiß
weiß ich,
dass ich viel weiß«
-
ich weiß alles
und weil ich weiß,
dass ich alles weiß,
weiß ich,
wer ich bin
-
warum weißt Du das nicht auch?

<u>DIE WIPPE</u>

Inwieweit wirst Du glücklich
wenn ich gehe
inwieweit, wenn ich bleibe

Inwieweit wird` ich glücklich
wenn Du gehst

Inwieweit
wenn Du bleibst

VATER UNSER

Nehmt uns endlich das Vaterunser
das verdammende
dieses ewig menschenverneinendes
freiheitsvernichtendes Dogma
-
wen ficht es schon an
wer will es und braucht`s
es stört gewaltsam
alle, die im Leben sind,
es gebiert nur Unheil und Schuld im
Vorgriff
-
Glauben ist schadhaft,
engt ein
Unglauben macht frei,
gebiert Existenz
-
dieses lasst zu
um glücklicher zu werden
hier und danach

ANTIVATERUNSER

Vater deiner
der du bleibst im Himmel
heilige dort deinen Namen selbst
behalte dein Reich
und deinen Willen
dort und wo auch immer
unser Brot backen wir uns selber
und vergeben dir deine Schuld nicht
wie du uns nichts zu vergeben hast
denn deine Versuchungen sind die
deinigen
und nicht unsere Schuld
-
dein Reich ist schuldhaft und ohne Kraft
und Herrlichkeit
auf Erden
wir Menschen brauchen dich nicht
verschwinde endlich und allemal

TAGLOS

Einen Dichter gelesen
der ihr gesagt, sie sei schön
mit Dir eine Nacht erlebt
taglos
nicht gesagt, Du seist schön
und noch am Leben
noch mit Dir

AN – ORDNUNG

Lachen
das in Tränen ertrinkt

Hunger
der sich mit Aversion paart

Bilder
die ihre Ewigkeit verlieren

Worte
die im Satz überflutet werden

Übertöntes Schweigen
gerät vor Hunger
ins Lachen
wird zur Grimasse
zum Bild
gewinnt Ewigkeit
im Ausdruck und Scheinbarkeit
paart sich, ertrinkt, verliert
und wird überflutet
von Untreue

Bestand hat das Ding:
Der Mensch

DER AST

da wurde mal
einer gefragt
warum er
Gedichte schreibe

Antwort:

Ich werde doch
den Ast
auf dem ich sitze,
nicht absägen

Frage:

sitzt er oder fällt er
- fortan -

DU

Mach zu du da
Da mach zu du
Du da mach zu
Zu du da mach

Zu da du mach
Mach zu da du
Du mach zu da
Da du mach zu

Da mach du zu
Zu da mach du
Du zu da mach
Mach du zu da

Da du zu mach
Du zu mach da
Zu mach da du
Mach da du zu

Mach du da zu
Du da zu mach
Da zu mach du
Zu mach du da

Zu du mach da
Du mach da zu
Mach da zu du
Da zu du mach

DIE FRAGE

Die Frage nach dem Sein
ist längst gelöst
-
Die Frage nach dem Dasein
bleibt ungelöst
-
die Frage nach dem Leben
hat sich erledigt
-
die Frage nach dem Tod
stellt keine Frage dar

MORDSLIEBE

Welch Einsamer
der je gelebt
wagte nicht stets
auf`s Neue
seine Versuchungen

Welcher Mord denn,
der je begangen wurde,
geschah einem,
der nicht allzu sehr
geliebt wurde

Welche Licbc,
die je gefunden wurde,
blieb erhalten,
ohne sich nicht selbst zu ermorden

EIN MÄDCHEN

Ich hab` ein Mädchen gesehen
es war Nacht
es fuhr vorbei
ich sah ihr Gesicht

Ich hab` ihr Gesicht gesehen
es war Tag
ich fuhr vorbei
ich sah ihr Gedicht

ich hab` ihr Gedicht gelesen
bei Tag und Nacht
nichts ist vorbei
weil ich sie seh`

IM WATT GEBOREN

Im Watt geboren
im Watt verloren
am Meer gekühlt
Weite – ungefühlt

Uferlos versunken
Tod in mich getrunken
Leben ist erwacht
Feuer, Glut entfacht

Du totes Leben
Du lebendes Watt:
Wo soll ich mich hin regen
Ich – bin – noch lange nicht satt

Ein Gedicht meiner Frau Barbara:

DAS MÄDCHEN

Da sitzt sie
starrt ins Glas
allein
wartet
auf was?
in der Hand
eine Zigarette
Sehnsucht
in den Augen.
Man dreht sich
nach ihr um.
Sie ist schön
und einsam
wartet
auf wen?
Trauriges Mädchen
setz dich zu uns
rede
lache
und geh` weg hier.
Hier bleibst Du
allein